U0011591

銅言銅語

LOVE與希望

財團法人臺灣更生保護會臺北分會

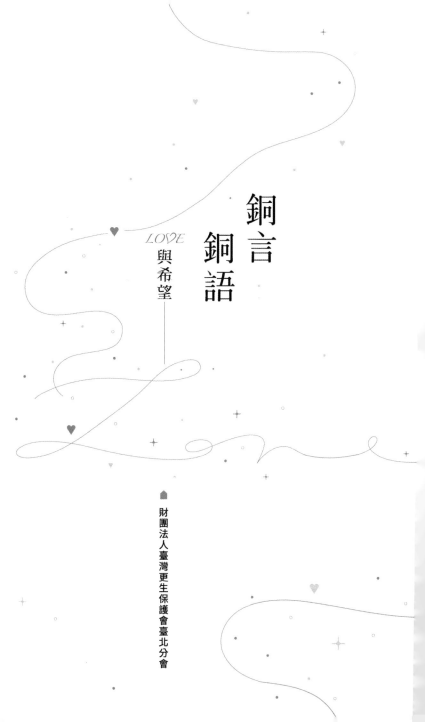

目錄

從錯誤中記取經驗——046

部長序

伸出我們的手，幫助他們重回正途

邱太三
法務部部長

臺灣有許多傳統技藝隨時代演進已漸被人遺忘，常出現在婚喪喜慶的銅鑼技藝，便是其一。財團法人臺灣更生保護會臺北分會有鑒於「銅鑼」是臺灣特有的民間傳統藝術不應該失傳，而「銅雕」則可以衍生出銅鑼創作的嶄新元素，所以把新舊兩者結合，並且邀請了銅鑼達人——吳宗霖大師至臺北監獄開立銅雕藝術課程，讓受刑人得以開啟生命新價值，淨化受毒害及被犯罪捆綁的心志。

銅雕藝術班將舉辦一場實體的成果展覽發表會，並把這些手作藝術品、創作的意念、受刑人與老師上課的一些對話結集成《銅言銅語：Love與希望》這本書，有這樣的成果讓人看了滿是欣慰，在書中呈現的銅雕作品不但讓人驚豔，書裡面一篇篇的小故事，更感動人心，也讓人看到受刑人在接受銅雕藝術的潛移默化後，心境與行為上的轉變。而其中有好幾位受刑人都說要把作品獻給自己的母親或家人，讓他們知道自己在獄中有真的好好反省與悔改，他們也很渴望自己的創作能被社會認同。

未來，我希望能推動更具體的監獄對受刑人矯正方面的改革與計畫，投入更多的經費與關注在這個議題上，希望臺灣的獄政能多做些有效率的改革與提升，因為受刑人被關在監獄內如果沒有機會好好的接受教化或真心反省，是不可能有很大的改變，所以積極推動並協助監獄內受刑人學習技能獲得一技之長是刻不容緩的事，因為有了安定的就業機會，受刑人出獄後再犯的機會降低，也才能有效降低社會的犯罪人口。

受刑人想要開創一條新的路，實屬不易，需要經過多少挫折淬煉才能做到，而這些機會還是要靠大家願意給他們；學會重新站起來對他們來說是一段漫長的路程，然而在這條路上，社會大眾的鼓勵與關懷會是支撐他們跨出去的最大力量，所以伸出我們的手，拉他們一把，幫助他們重回正途。

推薦序

逆境中展翅高飛

財團法人元大文教基金會執行長　楊荊蓀

忙碌的午後，收到一個非常振奮人心的請柬，北監銅雕藝術班學員們要舉辦銅雕展覽，經過一段艱難的學習後，學員們終於有成果了，而且可以在臺灣的地標——一〇一大樓公開展示，讓各界人士，甚至海外貴賓欣賞到學員們傑出的作品，實在令人雀躍。

元大文教基金會也曾經贊助砂畫藝術才藝班，學員們發揮潛能做出非常棒的作品，作品放置在桃園地檢署大廳展示，經常吸引到讚賞的注目。銅雕製作更是勞心勞力的創作過程，每一個作品都有它獨特的故事，是創作者技術與情感交融的結晶，真心為每位學員能盡情發揮所學感到開心與驕傲！

元大文教基金會長年與臺灣更生保護會合作，深刻感受到更生人服完刑期後重回社會，所面臨來自家庭內部及社會人際外在的阻力與困難。這次與臺北地檢署、臺北監獄攜手開辦技能訓練班，希望學員們能夠擁有更生自立的一技之長，更期待學員能從技術精進到藝術的領域；如同臺北地檢署邢檢察長費盡心力請出的國寶級銅雕藝術家——吳宗霖老師一般，讓民間失傳的銅鑼技術繼續流傳。

吳老師曾說，銅雕製作過程：「磨耐性，定心性！」學習掌握這兩個原則才有可能製作出好的作品。這樣的課程，對於學員們心靈淬鍊上的確有非常大的幫助，透過一槌一槌專心雕製過程中，回顧過往錯誤，為自己重新打造嶄新璀璨人生。

愛迪生說過：「失敗是需要的，它和成功一樣有價值。」人生有許多試煉，一次失敗不會摧毀一個人，只要願意改變、面對，就能從逆境中重新展翅高飛！希望大家一起創造良善循環，提供更生人一個機會，逆轉人生，為社會再點亮一盞「希望」的溫暖明燈。

推薦序

愛與希望

吳宗霖
留仙居士

「雖身陷囹圄，卻莫將光陰蹉跎於斯」這是我對銅雕班同學做為上課鼓勵的話。

會在臺北監獄開辦銅雕課，算是一個很特別的緣分。沒有人會用這樣的技法一搥一搥地用力搥打銅板，直到它成型、成品。也沒想到同學們是如此真實打造藝術作品，沒有人偷懶、摸魚，只有停頓思索下一步該如何，於是乎連我都驚訝作品有如此成果。

跟同學說這是各位在這段時間實際為社會盡一分力，為家人打造一個可幫助社會的作品，同時每次上課下課前都在練習靜心的動作，每次上課搥打中，一搥一打的同時都專注在動作中的觀察，練習專注以利於管理情緒之能力。在生活中，當遇見情緒不穩、空虛無助時，可以派得上用場，減低因心理狀態不佳之情況下犯下錯誤。

銅雕不僅僅只是搥打銅板，它包涵了對社會的回饋，對家人的承諾，對自己的信心培養，以實際行動，展現了人生另一面未被發覺的能耐。

監獄關的是人，而心是自由的，別浪費生命中這一段時間，或許這正是自己下一個美好人生的開始，更不要辜負社會善心人士、臺灣更生保護會、刑檢察長等，成立銅雕班的一片用心。

出版序

董事長序

財團法人臺灣更生保護會董事長
王添盛

二〇一六年六月，財團法人臺灣更生保護會臺北分會引進臺灣國寶級銅製藝術家——吳宗霖老師，希望能將深具中華文化傳統之美的銅鑼藝術推廣傳授至監所。並結合財團法人元大文教基金會於法務部矯正署臺北監獄合作辦理「銅雕藝術班」，參加開訓的學員計有十名受刑人。

銅雕大師吳宗霖曾經說過，把銅雕製作當作一種修行，一槌一槌的敲打，敲打是動的、聲音是響亮的，但製銅雕過程中，內心必須是定靜的，這也是此次辦理銅雕藝術技能訓練班的教化目的。

參訓同學有機會接受銅雕藝術大師吳宗霖先生的親自教導，同時也希冀藉此鼓勵同學，雖因一時的犯錯服刑，但是整個國家社會仍投入許多資源關懷，希望從銅雕藝術學習過程，能真正修心反省，迎接新的人生。

將近兩期課程的累積，在監同學創作了許多精湛的作品，展現出豐沛生命力與獨特的意境，令人讚賞不已。「銅雕課」作品在這次一〇一的展覽中，無非是希望能將受刑人充滿創意的藝術創作推廣到社會各界，讓更生人透過各方迴響而能維持創作動力，開啟社區、藝術創作的對話，從而肯定並鼓勵更生人活用各種曾經學習的技能，在人生的下半場持續努力創造更美好的生命歷程！

書中的作品以銅、廢鐵為材料，重新改造，延展了新的生命價值，蛻變為朵朵銅雕荷花、落葉、面具，將深具中華文化傳統之美的銅鑼藝術推廣傳授至監所，銅鑼聲響不只震撼人心，也激勵收容人向上改變之心。

希望每位受刑人，在監時能好好學習各種技能，出監後，可勇敢追逐自己的夢想，從心出發。

上一堂名爲「希望」的課

在因緣際會下，有人邀請國寶級銅雕藝術家吳宗霖在臺北監獄開立一門銅雕課。剛開始，他猶豫了很久，想了又想，不知道自己到底該不該答應。他擔心的事情很多，關於監獄的種種他只有在電影上看過，不知道裡面真實的情況如何，也不知道自己能否勝任？這些受刑人真的可以專注投入課程嗎？另外自己又要如何克服把這些危險性工具（銅片、鐵鎚、裁刀、瓦斯槍等）帶進監獄內，會不會在上課時發生什麼突發狀況？要如何確保課堂上學生的安全沒有疑慮？該想到的他都想了，不該想的事情他也想了，他當時覺得忐忑不安，最後甚至想直接打退堂鼓算了，尤其這樣的課程對於受刑人能否帶來改變，他完全不清楚也根本沒把握，當然更擔憂自己是在白費力氣。

這時，一位朋友的一句話說服了他，「你就當做是做善事，如果能教會他們一技之長，或是能讓他們在學習中得到成長，獲得一點教化，也算是功德一件。」這時候，他的心裡傳出另一個聲音：試試看吧，如果因為學習銅雕創作，可以幫受刑人往正途上拉一把，也是一樁美事。

從開始的百般猶豫，到克服了所有大大小小的問題後，開始進入監獄上課，幾期課程上下來，也算是一段奇妙的旅程。起初，吳宗霖覺得這些受刑人學生彷彿是來自另一個星球的人，因為畢竟領域不同，很多細節他都要交代很多次才能真的放心。不過，上了一次課後就沒有什麼隔閡，跟普通人一模一樣，甚至可以說做得更好，如果能讓他們專心投入一件事情，學點技藝當然是再好不過了。

原本他以為這些受刑人肯定會在課堂上摸魚、逍遙，沒想到每次連續數個小時的課，環顧四周，每個人都認認真真、本本分分的低頭敲捶自己小組的創作。感覺他們也不願意輕易浪費時間，所以每一分每一秒都傾出全力，搏命演出。同小組的人一個捶累了就換另一個人，有的人則幫著拿銅片，沒有一雙手是閒著的。他看到好多學生的手都打到起水泡了，還有人的手捶到受傷，仍然不願休息，這一切看在吳老師的眼中，真的覺得安慰。

之前心中的猶豫都是多餘的，雖然他們是受刑人，但是，上這堂課時，他們努力地做足每一分鐘，再熱、再苦、再累都沒見他們皺一下眉頭，以至於鐵錘捶壞了好幾把他還覺得欣慰呢！這種創作的動力與堅持實在難得。

他仔細地觀察這些受刑人學生，各自的眼神藏著不同的故事，但是端看他們努力創作的過程，也看到了這些學生不為人知的另一面。在專注的眼神和此起彼落的鐵錘捶打聲中，他們時時刻刻都在拚命練習，臉上露出不服輸的神情，他更見到了學生臉上閃閃發光的眼神，都是滿滿的「希望」與無限的「期待」。

這些畫面深深地打動了他，原本沒有預計會看到有多麼出眾的作品的他，更是無法置信的在此看到了傑出的佳作，在在讓人眼睛為之一亮。看到學生創作成品大功告成的一剎那，上課時所有的疲憊都馬上一掃而空，他欣喜得快要掉下眼淚，而那些令人讚嘆的作品也在陽光下熠熠發光。

從心出發

不管夢想多麼遙遠，
都要努力把失去的重新找回來。

從心出發

不要用眼睛去看，
要用你的心去感受；
不要讓黑暗遮擋你的心，
要為自己重新站起來；
不要重複一樣的錯誤，
要讓過往的不堪銷聲匿跡；
不要遲遲不肯拿出勇氣，
要靠自己的力量站起來。
請給自己一個重新出發的承諾，
要走出來成為更好的人，

不要再迷失自我。
雖然前方的路崎嶇難行，
記得專注堅定的往前看，
絕不回頭。
人生還有很多事情值得去做，
別因為一次失敗就自我放棄，
要為自己加油再加油。
不管夢想多麼遙遠，
都要努力把失去的重新找回來。
走出一條全新的路，

走出一個全新樣貌的自己。
這個承諾，要捍衛到底，
因為只有從心開始與重新開始，
一切才會變得不一樣。

參面

展開每個面向，
從不同的角度去俯瞰世界，
才能看到完整，
發現殘缺。

參面

不要再偽裝自己，
接納真實的自己，
展開每個面向，
從不同的角度去俯瞰世界，
才能看到完整，發現殘缺。
尊重欣賞每一個個體，
不要在乎別人對你的看法，
才能無畏面對真實的你，
好好活在每一個當下，
去找出可以感動溫暖人心的自我。

回望錯誤的過往，接受應有的懲罰。
眺望未來，不再犯錯。
最真實的試煉，
就是來自於勇敢面對現實，
經歷一段不同的歷程之後，
試著用坦然的心去擁抱世界，
明天，仍有美好的事物在等著。

和自己的約定

他十七歲染毒，一開始是安非他命、K他命，然後就是海洛英。錢不夠了，什麼樣的事都做得出來，像脫軌的火車一樣逐漸失控，下場就是進來吃牢飯。有時候想想，如果自己當初不流連網咖，事情會不會變得不一樣？

國中畢業準備上高工的那個暑假，他常到網咖消磨時間。打累了休息時就和同學朋友到外面哈拉抽菸，朋友給了他毒菸，他覺得那也沒什麼，沒想到一頭栽進去就完全無法自拔。一旦有了癮頭就開始找藥頭買毒，書也念不下去了。沒錢買毒就開始幫忙運毒，運毒後就成為一條不歸路。他的青春都還來不及成長，就

天籟

美人群奏，樂曲悠揚，如我心弦。

POST CARD

銅言銅語 Love 與希望

財團法人臺灣更生保護會臺北分會

多次進出監獄，現在都快三十歲了。別人的大好前途正要開心的展開，而他已經是凋落的枯枝。他被毒品害得很慘，也曾想好好改過，但是出去後又禁不起誘惑，離不開毒友圈……

他說無需別人的可憐、可惜，因為一切都是自己造成的。沾毒這一條路，沒有退路，所以自己也會害怕，因為從小他的成績其實不差，如果沒有沉迷在毒品中，他或許大有可為，然而他卻選擇了毒品，無休止地沉淪下去。他以為毒品可以填滿心中的空虛，但其實卻越來越空虛，心志行動都不自主的被毒品掌控支配住，毒品讓他的青春、時間、健康、親情都不知不覺流失了，自我毀滅的後果就是成為一名階下囚。

他上了教誨課，開始慢慢靜思反省，因緣際會下他參加了吳老師的銅雕課，當初其實他也沒有什麼特別的期待，但是當他投入了創作，一種前所未有的成就感，感染了他的心。雖然只是簡單又深刻的捶打著銅片，但是卻能發展出好多的無限可能，真的是好神奇。所以他一次比一次更專注，做完一件作品馬上就急著想下一次要做什麼，他知道自己找到了一個出口，開啟一種不同以往的體驗，有一種榮譽感，一種莫名的成就感，再累都不想放棄完成作品的心。當他看到與夥伴們一起辛苦做好的作品時，被莫名地感動了，很想哭，很希望家人也可以看到他是這麼認真，這麼堅持，這麼努力地完成一件作品。

在捶打銅片的時候，他常常想著，他多想和這銅片一樣，有著那麼無限可能的延展性，他希望有人能像自己手中的那把大鐵錘般用力狠狠的敲醒自己。

他記得吳老師曾經說過，他自己一輩子只專心做一件事，老師是做銅鑼起家，蹲在山上做了一輩子，然後成為銅雕藝術家，也打造了獨一無二的福爾摩沙音階鑼。老師說沒有任何事情可以速成，他自己的一生只為好好成就一件事而執著，是認命，也是不願服輸，他說自己二十年的寒窗無人問，但是所有的成就都是在堅持了那麼久之後才姍姍來遲。

看待事情的角度不同，就會有不一樣的視野產生，他們的作品是要告訴自己也告訴別人，很多事情不能只看單一面向，人們常常專注在某一面，而無法全面觀照，所以不管是幾張臉都一樣，只看表面參不透內涵是沒用的，不要只被美化過的虛偽外表迷惑，要能深入看到臉下面的內心與真心才更重要，這個蘊含的道理看似簡單，卻挺深刻，這也是他很想提醒自己的。

如果可以把變質腐爛的過往統統忘記，是不是就可以好好重新開始？如果可以攔截時間，斷除的惡行會再被召喚回去嗎？他的心中充滿恐懼，怕自己又把持不住，犯過錯的他們，還可以被接受嗎？他望著自己努力做好的幾個作品，這些看似如銅鐵般堅硬的外表的銅雕，其實包裹著溫度和延展性的內裡，這些作品他要用來好好鼓勵自己，激勵自己只要願意改變，未來一定有機會。

落葉

落葉不見得孤零，
凋零之後就見新生。

落葉

每一個故事，都是喜怒哀樂的真實體驗，
看著前方的路，不盡然全部美麗，
其中或許有著殘缺、不堪、苦澀，
但卻是人生最真實的滋味。
當落葉飄下，新芽依舊會冒出，
不要只記著不好的事物，
好的事會在不遠處等你，
有人說繁華終會散盡，
但不活出自己的繁華，又如何對得起自己。
落葉不見得孤零，凋零之後就見新生，

即便到最後一片落葉飄下，未來都還是值得期待的。
寒冬過後就是春天，循一片落葉去尋找，
等待更美好生命的到來。

落葉已盡，冬去春來

他很期待每個星期一次的銅雕課，因為上課的時候會讓人覺得很放鬆，整個人專注地放鬆，全心投入的放鬆，但是其實上課一點也不輕鬆，很吃力又沉重。大家擠在一個小小的空間，鐵錘又那麼重，一捶就要好幾個小時，比去工廠做工要累上好幾倍，但是他喜歡上吳老師的課，上課時雖然大家都在用心捶打著作品，老師認真地教導最基本的技能，但是簡單的話語，一貫的捶打方法，卻藏著好多人生道理，這些都是之前他自己沒有想通的事。

他回頭想著自己的過往，紀錄輝煌的荒唐人生呀，砍人、傷人、吸毒，沒有少過一樣。前半生的荒唐人生，打打殺殺的瘋狂歲月，就這樣，每一天，每一天，沒有停下來的虛度著，直到進了監獄……。畫面一幕幕出現，如影帶快轉般映入眼簾。來到監獄都已經這麼多年了，最最想念的是那個對他不離不棄的母親，不管他犯了什麼錯，母親都選擇原諒他，錯到都已經沒有臉再見她，她還是會一把鼻涕一把眼淚的來探視他，勸他要好好反省，不要再做出傷害自己、傷害別人的事情。

他把鐵鎚用盡全身力氣地捶下去，每一聲巨大的回響，都捶進他的心裡。他的人生旅程為何像踏在爛泥裡，自己就是社會的細菌，想一想，不禁心生羞愧。即使自己是細菌敗類，但是母親卻永遠在等他回頭，不斷地苦口婆心呼喚他改過。他使力的捶擊眼前的銅片，留下了一個一個的印痕，暫時沉浸在自己的小宇宙中，讓他可以冷靜思考。

他想著，這次出去，就再也不要進來了，想著未來，想著要從哪裡重新開始，想著母親洗碗的身影……

他流了滿身大汗，但是想到未來，他連一分一秒都不願意休息，上課捶打的每一時每一刻，都在腦中掠過各種未來的想像，他心中想著，自己扭曲不堪的前半段人生，是該要好好整頓、畫下句號了。

上這堂課，最大的改變是心境上的蛻變。吳老師說過，不要怕失敗，只要肯做就一定會成功，這句話深刻他心，他真的非常感謝吳老師的教導。

他繼續敲打著作品，深怕時間稍縱即逝，如果可以，這個作品他很想要送給母親。想到母親，悲傷便又浮上心頭。母親最常跟他說：「歪路別走！」這句話他總當耳邊風，但是經過這麼漫長的等待，他真的很想告訴母親：「這一次，我不想再讓你失望了。」

落葉已盡，冬天已去，未來還要繼續，他真的能擁有嶄新的開始嗎？

他希望會有一個好的答案。

從錯誤中記取經驗

「我有一個座右銘——『知其性則可為用』，會有這一層啟發是因為我在做銅鑼幾十年的經驗裡，其實很多時候都是失敗居多，創作的挫敗常常沒完沒了，我的情緒也常會陷入泥沼（藝術創作者應該都習以為常）。我曾經打破一個鑼，鑼臍打破了，等到下次我要做藝術創作時，需要一個很自然的裂痕，喔，我就知道要怎麼打破了。」吳宗霖老師常常用自己在創作時遇到的經驗來告訴銅雕班的受刑人學生，當機會來臨的時候，以前的挫敗，就可以轉換成經驗，所以失敗真的沒什麼不好，沒什麼不能面對，承認錯誤，接受錯誤，再好好記住錯誤的經驗，並且好好利用它，轉一個彎，路可能就直了。

吳宗霖說銅雕班這些受刑犯學生，他們都曾經犯下不能逆轉的錯誤才會入監服刑，有時候他會在課堂中和他們稍微閒聊，了解他們是犯了什麼罪進來的，已經進來多久了，還需要服刑多久，將來出去有沒有什麼計畫等等。這些受刑人有吸毒的、傷害殺人的、強盜、違反槍械炮彈法、臺灣與大陸人民關係條例法等，雖然探究已發生過的事情，完全不能改變什麼，但是他卻想藉由個人在銅雕創作的一些人生經驗的分享，來告訴他們：要在錯誤中記取教訓，別再犯同樣的錯誤。

這幾年，吳宗霖嘗試把以前敲壞的銅鑼，再經過敲打，粹煉成獨一無二的裝置藝術，如「荷葉」、「荷花」、「蜻蜓」等。他把原本要報廢的東西拿來重塑，讓它們有了不一樣的嶄新樣貌。這也是他告訴銅雕班學生的人生道理：連那些要被廢棄的東西都可以拿來再利用，所以千萬不要自暴自棄。

他記得自己是在一九八九年返鄉獨自成立留仙居工作室，剛開始景氣還可以，到了九〇年代中期，銅鑼市場一片慘淡，他開始嘗試以自己最熟悉的銅材，雕塑各種工藝飾品，舉凡小銅鑼、銅飾、銅鑼裝置藝術，以及各種銅製作品。這也是他嘗試銅雕藝術創作的第一步，面對一樣的銅材料，如何下捶，與製鑼完全不同，他便這樣一步一步慢慢摸索，那是自己蛻變與重生的開始，帶領他前往不同的領域。

「不要拘泥於既定的現況，你們以後出去還是大有可為，所以在用鐵錘捶下去的時候，好好想一想或思考一下，你希望自己以後被打造成什麼模樣。只要你們願意，未來一定會有轉機。」當他講這些話時，全班鴉雀無聲，然後，同學們低著頭，鐵錘一個一個舉起捶下，他們的動作流暢嫻熟，暫時擺脫牢獄中的苦痛無奈，鏗鏘有聲地把揮之不去的絕望、挫折都先拋到腦後。

他希望這些受刑人都能好好反思錯誤，重新開始，人生的路不可能是一條直線，有起伏波折再正常不過，失敗沒有什麼不好，最害怕的是失去面對未來的勇氣。只要他們願意給自己機會，願意努力，終會雨過天晴。

雲煙

如果可以，讓我跟隨著你，自由自在飛向天際。

雲煙

雲煙看似平凡，
卻令人捉摸不定。
它如此飄渺，
就像電光石火，一閃即逝。
永遠無法握在手中。
世間名利也都猶如過眼雲煙，
又何必汲汲營營追求。
每個人都在追求更好、更成功的事，
卻往往忘記最簡單的美好與幸福，
其實就藏在自己的心中。

不要失去了，才來遺憾。
不要消失了，才覺得為何當初不好好珍惜，
因為幸福也會如同過眼雲煙般稍縱即逝。
雲煙呀雲煙，
如果可以，讓我跟隨著你，
自由自在飛向天際。
如果可以，請帶我去領略翱翔不同的世界。

往事如雲煙，不必再回望

他覺得自己像螻蟻一樣被困在這個地方，他好害怕自己一輩子都會像這樣自生自滅下去。自己傷害了別人與家人到難以補救的地步，又有什麼資格來求別人原諒，無力感常常充滿他的心中。

在監獄中，凡事少說多做就對了，人的精神卻常處於緊繃當中。在獄中，瘋狂和正常之間只有一線之差，像他這樣低調不鬧事已經算很好了，但是算一算還有好長一段時間要待，有時也不免惆悵。他已經不再時時刻刻掛念著家裡了，因為覺得自己不配，甚至也不再想過去的事情，過去的事如同過眼雲煙讓它飄散吧，不好的又何必留戀。

他記得父親曾經說過：「你如果再吸毒，我就當沒有你這個兒子，這輩子都不要讓我再看見你。造孽呀，我上輩子到底造了什麼孽。」父親中風癱瘓已經好多年了，但是關在監獄的他都沒能再見到父親一眼。

「別人要是知道我們家養了個米蟲加毒蟲，不知會怎麼想？你連一次都沒有幫家人想過嗎？你這樣吸毒糟蹋自己的人生到底是為了什麼？」母親每每哭著說道，他知道她的眼淚應該早就流盡。

因為他的關係，沒有人願意和他的家人扯上關係，因為他的關係，他的家人雖然沒有在監獄卻都如同生活在監獄般痛苦。

他有時也很恨自己，為何那麼懦弱，一直無法抗拒毒品的誘惑，要這樣糟蹋自己的大好人生，又讓家人跟著一起蒙羞。他總是在矛盾中不斷重複著錯誤，感覺做什麼事都觸礁，被人瞧不起，只好寄情於毒品，但是連自己都沒法原諒自己，又要如何期待別人諒解。有些事情發生得太快，他還來不及想清楚就發生了。但是有些事情又來得太慢，他苦苦等待，卻百思不解。他在獄中每天恍恍惚惚，不敢多想。這種挫折感侵襲著他，日子一天天過去，他的心只剩下灰燼。

然而上了吳老師的銅雕課，卻燃起了他心中原本已經澆熄的火苗，成為他牢獄生活中的一個心靈寄託，讓他暫時可以喘一口氣。老師也會在教導他們一些捶銅的技巧，但卻又巧妙地、不著痕跡的告訴大家一些他人生的故事。有些話總會讓他一而再再而三地細細品嘗，覺得好有哲理，為什麼以前別人的勸誡都聽不進去？但是此刻在經過銅雕課的千錘百煉之後，有很多的道理慢慢變清晰了，他也開始思考未來的可能性。

他很喜歡從老師身上得到一些對人生的忠告，那些都是沒有強迫性的、沒有對立性的，坦誠的，也不需要很用力的解釋，但讓他深深記住。

當鐵錘落下，聲音回響，他的過往好像就被瓦解了一次，過去變得越來越模糊，就讓回憶零星隨處散落吧，有時他只想盡情放空，什麼也不去想，不去碰觸。反正就當一天認真的學生，短暫幾小時的捶打創作，就讓專注填滿時間，以敲打創作來抒發自己的壓抑情緒。當作品從零到有，從模糊的雛型到逐步完成，一種難以言喻的成就感油然而生。他發現原來自己也是可以做些什麼的，並不是一無是處。

未來要面對的障礙還好多好多，他不確定自己能否跨越得了，或許自己又會再一次的失敗沉淪也說不定，心中雖然有了小小的夢想，但是那個夢想真的能改變自己嗎？一樣又是個大大的問號，因為他總在懊惱自己的懦弱，但是這一次他希望真的可以改變。

雲煙呀雲煙，你能告訴我，人生的答案是什麼嗎？雲煙呀雲煙，你能告訴我，我的未來還有希望可以期待嗎？他望著眼前這個花了好幾堂課和夥伴一起做好的作品想著，如果可以，他多想和它一起消失在空中。

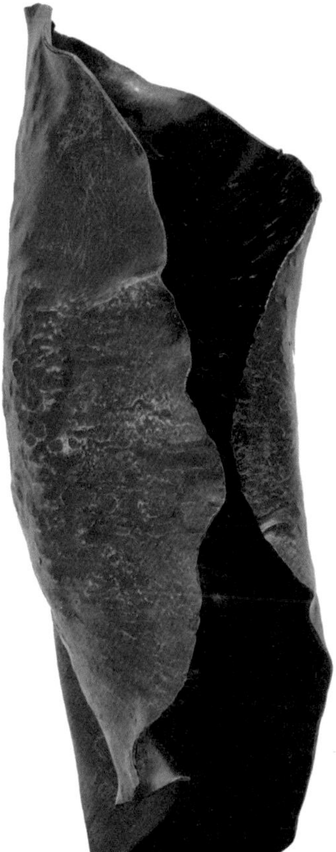

延續

一捶一印記，
一步一腳印，
也要堅定延續生生不息的使命。

延續

在這寂靜的漫漫黑夜，
思念總是讓人特別感傷。
風風雨雨我早已經歷，
徬徨的腳步怎樣都踏不出去，
任憑命運不斷的重複。
無情的世界能不能為我點燃燭光，
美麗的人生不想再被虛度。
走出一條不同的路，
遠比習慣的路要花費更多的力氣。
但是這一次我決定要給自己一次機會，

不要茫然無緒，
不再偷機取巧，
只要認認真真，
一捶一印記，
一步一腳印，
就算是寒風中僅剩孤獨的幾片枯葉，
也要用堅定的信念，
繼續延續生生不息的使命。

不再犯錯的人生

他是因為違反槍炮彈藥條例法被關的，這也不是第一次進來了，不過他行事很低調，人看起來也很斯文，講起人生大道理又總頭頭是道，大家都尊稱他「老師」。有時候他想著，自己國小的志願還真的是當一名老師。那時候覺得老師是一個好職業。他國小是學校排球隊的，體格體能都很好，但是到了國中，學人家混幫派，高中才念一年就休學，到處圍事，幫錢莊討債，一天混過一天。人生都活了大半，老婆帶著小孩都跑了，家人也早就放棄他了，進去出來都是一個人，監獄或許是他最終的歸宿。

他的臉上常常流露出落寞的表情，沒有人想被關在裡面，但是外面的世界也變了，跟過他的一些小弟都跑了，換成年輕人的世代。以前他們還講點道上情義，有規矩的，現在沒人管這些。算一算自己出去時年紀老大不小，也沒那個體力在街頭砍砍殺殺的了，不管以後了，橋到船頭自然直，把未來丟到腦後，能多過幾天就過幾天吧。他雖然討厭繼續待在監獄，但是也很害怕出去，出去之後他還能做些什麼，年紀跟他差不多的很多都退了，他也好好想過，不想走回頭路，想回老家單純的種種田就好，平平淡淡過日子不會餓死就好。

上銅雕課對他來說，沒什麼難的，因為他本身就是靠打架出身的，要體力的事沒什麼能難倒他，他以前也做過搬家具的工人，也在工地做過，拿個鐵鎚敲一敲而已一點都不難。倒是他覺得老師人很好，講話客客氣氣，也把他們當一般普通人對待，老師的要求就是一切按部就班，要照他教的方法一步一步來。

他的心五味雜陳，覺得命運造化人，如同鐵鍊一樣緊緊扣住他。搭上江湖的這艘船，等於踏入一段悲慘又很難回頭的人生。像他這樣的人到底以後還能做什麼？對生存的無能為力，對生命延續下去的無奈，對人生充滿挫折的無力感，到底還有什麼事值得期待的。他挺厭惡自己的人生，但是銅雕課的吳老師總對著他說，你學得很快，做得挺不賴的，真是孺子可教也，這種認同鼓勵給了他很大的動力，所以上課成為一種期待，覺得是為一件有意義的事而活著。原本以為不易達成的作品，卻看著它逐步朝目標前進著，帶給人的滿足感，很難用言語形容。

有一次，他不知道怎麼下手，老師告訴他：不知道怎麼做時，可以先停在當下，去體會自己內心想要的，去觀察、去看，然後再做。他停下來想了一陣子，覺得跟他當時心情的寫照一樣，他的人生停在這裡，不就是要他好好的想一想，好好的反省，未來要何去何從。

他記得吳老師曾經說過：沒有錯誤，失敗就不可能成就出一個好作品，人生也是一樣的道理，沒有失敗錯誤的人生，不見得是一個好的人生，越暗的地方才越能凸顯光明，這些話深深觸動到他心靈深處。他錯誤的人生，頑硬叛逆的壞靈魂，好想真的得到救贖，好想擺脫揮之不去的罪惡感。他經常悔恨自己面對人生挫折的無力懦弱，因為自己也曾經有改過的機會，但他卻依然故我沒有真的誠心悔改，數不清的後悔遺憾總在心中盤旋！不過，這些時時刻刻的內心矛盾糾結，卻因著銅雕創作的過程，幫他解惑了，因為透過完成一樣創作的過程，讓他看見專注做好一件事的本質是那麼美好，他想要用這樣的心去過自己未來的人生。

別放棄，堅持下去就對了！

不能否認，吳宗霖老師每次到北監上課內心都會有些煎熬，銅雕班創作的空間是原先監獄內手銬工廠的一個小角落，且空間狹小，學員在揮舞鐵鎚有時要轉個身都有點困難。空氣也不太流通，夏天會熱到爆，冬天又很冷，而那麼多個鐵鎚同時敲擊銅板的聲音震耳欲聾，大到嚇人，讓人的腦神經都快要受不了。

但是，有了一種責任感，有了一種使命感，基於這些理由，逼得他再熱再累都要來上課，有一次他覺得胃翻攪得很不舒服，學生會著急地幫他找胃藥，讓他很窩心。但重要的不是他做了多少，而是他真心希望學生從他這邊得到多少，在世俗化的時代，有人覺得他很傻，但是人的價值有很多種判定方式，他說其實他也從這些受刑人學生的回饋中得到了一些啟發。

每一次作品完成要準備下一個作品時，吳宗霖看到受刑人學生眼中的期待和熱切渴望的神情便瞭然於心，有好幾個學生更是有藝術天分。老師的提點與技術教導只是個輔助而已，這些學生已經學會獨立思考、獨立作業，慢慢地能把粗略的想法變成完整的構圖，然後付諸實現。他看到學生一點一點進步，創作時也格外有紀律，再仔細打量這些快接近完成的作品，比例完美，變化的豐富性與美感也不斷升級，有的只要再輔以細節的修飾，就可以成為很好的傑作，看到他們這麼多的進步就覺得自己的用心頗為值得。

「創作過程從構思到準備、製作到完成，一整個的過程都要嚴謹把關，其實也是做人做事的道理呀！」吳宗霖有時會意有所指地講一些話讓受刑人思考。

當受刑人學生了解到完成一個作品不會那麼遙不可及，但也絕對不是一蹴可及。所有的過程需要一步一步地慢慢來，要遵守一定的原則技巧，不能眼高手低，更不要想一步登天。不能取巧，要膽大心細，用力敲下去就不能回手，這就好像君子在下棋一樣，起手無回大丈夫。吳宗霖說這些看似極為簡單的製作道理，其實意義都頗深遠，這是他做銅鑼三十幾年的經驗與心得。他苦口婆心就是希望學生能真的明瞭，要成就一個好的作品，不能心急，要慢慢來，慢慢修正，慢慢塑型，錯了也不要氣餒，總有一天可以成功。

而每次看到同學們完成作品時臉上的雀躍神情，他就會告訴學生，「你看，你們一直堅持下去就對了，只要堅持下去，這世上哪有什麼事情是不能完成的。

老師就是用這一雙手敲了三十幾年，沒有那股傻勁和堅持也不可能有今天，所以做什麼事都要有堅持下去的心，有一種使命感，就沒有什麼不能實現的事。」

然而，有時難免會看到眼神茫然的學生，他在指導這些學生時會說：「打這個時要先想一下，打哪邊一下，打下去它就會乖了，如果現在還不知道要怎麼做，也先別想太多，可以刻意放慢一點腳步，邊敲邊想也是一個好辦法。」

人生的路未嘗不是如此，當不知道怎麼走下一步時，不妨停下來想一下，創作與人生都是一樣的，有時候過程或學習的美好，會更勝於終點的到達，他自己創作最享受的就是過程。

相依

伸出你的手，牽起別人的手，
讓彼此緊緊相依，一起迎接天明。

相依

人生的路不可能一個人獨行，
有時需要有人陪伴，
有時需要有人緊緊相依。
伸出你的手，
牽起別人的手，
不管未來的人生多麼迂迴曲折，
不管夢想有多麼遙遠，
握緊的手，
絕對不要鬆懈。
用你的勇氣超越障礙，

聚集大家的力量，
用愛與關懷去擁抱世界。
跟隨內心的力量，
讓彼此緊緊相依，
讓生命更加澎湃，
做一場美好的夢，
一起迎接天明。

對不起，我願意從頭來過！

他和許多受刑人的故事一樣，早早就變了調的青春，早早就走入人生的大染缸、混吃混喝、殺人鬥毆，他很早就迷失在花花綠綠的大千世界裡，根本不把社會體制放在心裡，直到他闖了禍、犯了錯，判了刑，進了監獄。

關在監獄這麼多年，景物依稀，人事已非，心中無限感慨，也萬分悔恨。他感慨人生如此短暫，他卻被困在此，等他終於清醒過來，但是一切為時晚矣。曾經犯過的錯，無法彌補，以前的他要是能早點回頭，早點想透，就不用被困在這裡虛度自己短暫的人生，擁抱孤獨。

他曾經對不起的人生，曾經對不起的家人，曾經對不起的所有人，他想好好的致歉，希望將來能有機會彌補。

對於能上這堂銅雕課，他真的心存感激，因為在創作的過程中，他覺得自己變成一個很單純的人，不用想太多，努力完成作品就可以。有時候他想著，如果以前不要在外面鬼混不學好，單純的乖乖聽媽媽的話，把書念完，好好做人，現在可能就完全不一樣。

母親是這世上他最親最在乎的人，以前她總會苦口婆心地勸他要走好路，不要做不對的事，不管他犯多少錯，母親還是從沒有放棄過他，在他孤單絕望沒地方可去時，母親永遠都是他可以依賴的港口，母親對他無怨無悔的付出是這世上最溫柔的愛，他經常想念著母親，但是又覺得太愧對她，因為自己不學好走歹路，才讓母親傷心落淚，吃了那麼多苦，這些他都不知道以後來不來得及彌補。

曾經他被命運之錘重重一擊，在監獄裡他們都只有代號沒有姓名，他人生的字典也只有失敗從來沒有成功，但是，這些銅雕作品，卻讓他找到一種很大的成就感，那些力與美的線條，那些揮舞鐵錘敲擊的美好瞬間，給了他一個很想創作的動力，創作時他經常想念他的母親，想起母親跟他說過的一些話。

吳老師常常跟他們說：「以銅為鏡可以明智，以鑼為樂能靜心。」就是要他們藉由銅雕創作去靜心，潛移默化自己的心志，這些道理，他一次比一次更加的能體會了。老師也曾經告訴他們，製鑼技藝最困難的是調音，老師自己耗時十五年努力去鑽研技術，才完成一套國際標準音的音階鑼，用鑼演奏出樂曲，這是因為他一直沒有放棄，沒有被失敗打倒才做得到，吳老師說過的一則則人生小故事大道理，都很有啟發性。

當他敲捶著這些銅片的同時，莫名情緒常常跑了出來，自己原已乾涸的心靈好像得到一次又一次的反思，他把心中那一層層硬繭慢慢地剝去，清理掉過往的不堪記憶，讓絕望止步，寧靜降臨，他的心彷彿因此而得到平靜。

在決定要捶打的方向之前，他都會來來回回仔細端詳好才會下手，這不也是值得學習的一種人生態度？但是以前的自己為何那麼魯莽。而每一個作品都要經過數百次或上千次地敲擊才能成就，這不也在告訴人要努力奮鬥才會有收成。

當他望著完成的作品，感覺自己快要掉眼淚了，除了他在創作的過程感受到前所未有的平靜與自信，原來他認真的做，也是可以好好完成一件事，在被黑暗層層包裹的世界裡，他彷彿看到了遠方透過來的光，他多麼盼望，這道光能指引他往更好的方向走去。

他真的好想跟母親說：「我已經知道錯了，我會改過向上，你一定要等我回家，你一定要來看我展出的作品。」

他也很想跟女兒說：「爸爸很對不起你，在你的人生缺席了這麼久，都沒有盡到一點責任，以後爸爸會好好做人，你一定要帶媽媽去看展覽。」

他曾經為了母親與女兒做了一個「思念花」的作品，雖然這個作品不知道有無展出，但是他在創作時，想的都是母親與女兒的樣子，她們是他最重要的人，他絕對不想讓她們再失望。以前蹉跎的人生，他想一點一點慢慢修補回來，家人對他的不離不棄與所做的犧牲，他要認真回報，在以後生命中的每一天，他都要好好鞭策自己，絕對不再走回頭路，就算舉步維艱也堅決不放棄。

括與闊

包容一切的失敗與錯誤，
包容一切的遺憾與悔恨。

括與闊

括是一方容器，
盛裝了滿滿的夢想與理想。
括是一種包容，
人的生命總是不斷地在包容，
包容一切的失敗與錯誤，
包容一切的遺憾與悔恨。
明天將會如何？前方會有多少挫折等待？
都無法預期。
人生是含括不斷的回顧、整理與繼續前行。
送一個「闊」字給自己，

要自己痛徹明白，就算風雨再大也不怕，
就算失敗也不放棄，要無畏的向前行。
直到海闊天空以前，
都要堅定的相信自己，
活出希望中的自己。

贖罪的心

走過荒唐人生，如今他想走回正途。回顧打打殺殺的瘋狂歲月，如果時間可以倒轉，他希望人生過得心安理得就好，不一定要賺很多錢，但一定要對家庭負責任。他帶給家人的只有愧疚與痛苦，特別是母親與女兒，女兒都已經慢慢長大了，但是他幾乎沒有盡過一天父親的責任。

以前他從來沒有想過家人的感受，如果時光可以倒轉，他想要做一個好爸爸，也絕對不讓母親失望，但是錯誤已經造成，只能等出獄後再來重新修補。

回想那段脫軌的荒唐歲月，打架滋事是開端，接著成為中輟生，進而走上岔路。原本以為江湖兄弟間的情義，最後也變調，沉淪下去就再也回不了頭。年輕氣盛的他，走偏了路，根本不在乎任何事，短短幾年就讓人生變成黑白，上了手銬後，他才後悔莫及，但是代價卻是失去自由，手銬上的印痕，深深刻入內心。

在監獄裡，他常徹夜難眠，少了白天的吵雜，夜晚多了可以思念家人的心。少了白天工廠轟轟隆隆的作業聲，晚上多了靜心悔恨的心。神奇的是，上了銅雕課之後，原本總是腦筋空洞茫然的他，想透了許多事，也多了心靈的寄託。

他記得銅雕課的吳老師說過：時間不會為了誰而停留，但是有時候停留是為了看見更美好的風景。他心想，人生過得越簡單越好，就跟吳老師說得一樣，單純專注在一件事情就好，不用想得太複雜。

他警惕自己以後千萬別再想要走捷徑，更不能放任自己再次沉淪。對於未來的人生階段，他惕厲自我：小心謹慎一步一步慢慢走，就像鐵鎚捶出一個又一個的印記般。努力細心打磨出自己要的形狀，也想要好好打磨自己以前銳利的稜稜角角，希望以後做事能先退一步想到後果，不再衝動魯莽，不要再牽連家人。

對於他的作品讓老師稱讚連連，他滿心歡喜。創作時，他與一起創作的夥伴單純地只是想把作品做好而已，當他知道作品有可能在外面展覽義賣，他的心更是五味雜陳，他希望可以為社會帶來一點微薄的付出，以後有機會的話，他也想持續努力的創作、勇敢的表現出自己的創意，他想讓家人看見他在監獄內的成長與改變。

的確時間不會為任何人停留，但是這些作品，卻牢牢記錄下了他想要改變的心。

至於未來……，他只想過得心安理得、簡單質樸，日子平淡踏實的過就能讓他心滿意足。

漫長的等待是值得的

吳宗霖在北監為受刑人上銅雕課，在監獄內總有著許多感慨，眼前的這些受刑人學生，每一個人都有不同的人生故事，他們的眼神有時會透露著猜疑不安的神色，不斷在課堂上梭巡，上課時耳朵也總是豎得長長的，感覺有些提心吊膽，總會觀察著四周的變化，他敏銳地察覺到這些受刑人學生都有一顆異常敏感的心，敏銳的眼睛。

所以，他總會先在上課前請大家閉上眼睛，深呼吸，靜下心來，不過有些人即使閉上眼，還是能讓人感覺心神不寧，這時吳宗霖就會想著，他們在監獄漫長的等待，換成任何人都一樣會緊張沒自信，他打從心底升起一絲的同情，受刑人在監獄中就是贖罪，內心與身體的囚禁，也算是一種無止境的折磨，他們過著與社會隔絕的生活，也等於被外面的世界所遺棄，這樣的環境自然會驅使他們自信心日漸低落。

他回想自己已經歷的過往，曾經也是在漫長的等待中尋尋覓覓，在等待中成長，他的人生曾經有過一段很漫長的等待時刻，漫長到花了大半輩子。

製作銅鑼是吳宗霖最漫長的等待，花掉數十年歲月，從事製鑼行業超過三十五年，完全憑著一股傻勁才得以堅持下去。他的熱度從未減退，也沒有預想過在三十幾年後自己在銅雕這行會有發光發熱的一天。

在等待的過程中，他苦思著要如何把自己的興趣創作和生活建立新的連結？

所以他改造了傳統戲曲用的樂器——銅鑼，創作出福爾摩沙音階鑼，把銅鑼帶入了音樂藝術的殿堂；在漫長的等待中，他又憑藉對黃銅性質的了解，把製鑼的技術延伸到銅雕領域，用銅板手工敲打塑形成銅雕，成就了跟一般銅雕完全不一樣的全新視野；然後他又想出讓一般人體驗製鑼樂趣，把銅鑼融入生活的方法，他覺得做銅鑼，越來越有意思。他說自己的宿命或許就是打造一些銅鑼讓人使用，如果他的銅鑼可以讓人得到靜心，得到撫慰，這樣他的銅鑼人生也變得很有意義。

所以若沒有這三十幾年的淬鍊，讓自己充滿自信與動力，又怎麼會有這些東西出現，這一切的等待都是值得的。他從來沒後悔過自己的選擇，他不在乎錢賺得多不多，因為他知道自己在做喜歡的事，在一步一步慢慢的實現自己的夢想。

現實有時的確殘酷，但反讀「現實」，就變成「實現」，因著等待，他沒被現實擊倒，反而因著命運創造了不同的色彩並且實現了理想，這個等待是不是很值得呢。

他樂於把自己的這些故事都告訴受刑人學生，「你們得好好想想，一個創作要經過多少等待，所以千萬別想著馬上就能看到結果，你們就只要專心地捶打，專心地等待，一旦你們的心被吸引了，吸引了就是一種單一，單一就是專注，便能起靜心。當你願意靜下心來，不厭其煩地敲捶，那麼你就能創作出屬於自己獨一無二的好作品了。」

在做自己喜歡做的事情的同時，現實的考驗並不會消失，但是別忘了原本單純的那個初衷，這樣才能做得無怨無悔，吳宗霖就是這樣莫忘初衷地走了過來。

竹與知足

認真知足的做，認真知足的笑，
這樣便能擁有生命美好的時光。

竹與知足

期待自己擁有如竹子般屹立不搖的心，
期待自己擁有如竹子般奮發向上的心，
不論生長環境多麼惡劣，
只要有泥土、雨水和陽光，
竹子就能成長。
竹的高潔、樸實與虛心勁節，
竹的高尚與虛懷若谷，
竹的不畏嚴寒與不屈不撓，
堅定頑強的生命力都是人生的好榜樣。
過往的軌跡就讓它消逝吧，

只要心存善念就能心滿意足，
就不會再有奢求。
只要想著，腳踏實地，
人生不需要華麗，更重要的是踏實。
認真知足的做，認真知足的笑，
這樣便能擁有生命美好的時光。

送給天上母親的禮物

如果時間可以回轉，他希望他可以換一條路走，如果時光可以倒流，他希望可以好好做人做事，不讓母親失望，但是一切已經來不及了，錯誤像灑出去的水一樣不可能回收，他想起了過去那些他傷害過的人，覺得悔恨，想到已經過世的母親更是滿心的對不起。

被關在監獄，最難過的應該是他的母親，他造的孽，卻讓母親痛苦傷心那麼久。而他連母親的最後一面都來不及見到，他一輩子都不會原諒自己。過往的一切如煙霧散去，褪去的回憶化為灰燼，他只能在夢中看到母親憂愁的臉龐，臉上寫的盡是對他這個兒子一百二十個不放心，母親曾對他說過的話一直縈繞在心頭，揮之不去，所以當他在獄中聽到母親去世的消息，感覺被情緒淹沒，一時無法從悲傷的情緒平復。他的心中充滿挫折、無力，因為聽說母親在病榻臨終前呼喊的都是他的名字。

人生一路走來都是失敗的，被禁錮在這個陰暗無光的角落裡，更是他生命中最悲慘的時光，而在這分分秒秒卻又都被無限的拉長再拉長。他對自己的人生早已經不再有任何期待，因為沒有了母親，這世上再也沒有什麼事情可以值得期待，他知道外面的世界並不會歡迎他，他不期待有人會來拯救自己。

然而，他在突然之間開始有了期待的事情，期待每個星期一次的銅雕課，在學習銅雕創作的同時，他意外找到一個重新認識自己的機會。他一心一意掛念著的都是作品，還有完成這一個作品之後的下一個作品，腦袋中迴盪的都是銅雕創作的一切……。他覺得銅雕創作好像是一片鏡子，常對應出他一路走來的過程，以前年輕不懂事，凡事魯莽衝動，就像他剛開始學銅雕創作，不管老師說什麼，就胡亂敲錘也不聽指揮，等到上了幾堂課，他才慢慢體會到，自己不能一意孤行，也要尊重團隊，要按部就班，要仔細思考與觀察，要細心構思，所有的一切好像一種「人生的修練」，不能取巧，不能想著要一步登天，一錘一印記，只能一錘一錘地慢慢完成。

每次一捶就是好幾個小時，還必須反覆修正塑形，身心上都很耗力，但是他在這兒找到另一個出口，躁動不安的心靜了下來。他把內心長久以來的壓抑，以錘子捶出來，「慢慢地，有了不一樣的感受與靈感，可以做出更好的作品。」

銅雕課變成他的寄託，用心創作，是一趟充滿驚喜與自我省思的旅程，他也越來越喜歡自己的改變。在上課創作的當下，他常感受到一種透明單純的快樂，可以盡情釋放自己的能量，成為監獄裡的寄託。他使勁力氣地捶打，希望能做出最好的作品，把對母親無盡的思念也都放在這些創作上。當他看著完成的作品賞心悅目的展露出完美的姿態，一切的辛苦都是值得的。

他好希望母親在天之靈可以看到他的這些創作，這些作品有的呈現人生的矛盾與困惑，有的是想寄予未來無限的希望，不管創作的主題是什麼，每一個創作都是用自己的手，一個捶印、一個捶印打造出來的。

上課的時間總是特別的短，時間一分一秒過去，他屏住呼吸、瞇著眼看著自己的創作，那些線條實在太美了，捶印也完美極了，他多麼希望自己對於創作的熱情永不消褪，也希望自己能找回未來人生的自信與希望。

未來，如果有機會他想更努力鑽研創作銅雕，創作帶給他無形的力量，每一個作品都有一個故事，每個印記都有深刻的感受。這些都帶著他去思索人生不同的方向，時刻提醒自己要蛻變成一個有擔當的人，找回早已被磨平的自信與勇氣。他要一點一點的改變自己，活出自己想要的樣子。

每個人都有改變一生的轉捩點，他自己的轉捩點或許是銅雕創作，因為創作讓他激發出內心的轉變，讓他遠離彷徨無助，他希望這一切可以延續下去，重新振作。

爭奇鬥豔

你不需要和別人比較，你就是那個唯一。

爭奇鬥豔

繽紛的花花世界，
到處都在爭奇鬥豔。
每個人使出渾身解數，
每個人都想展現自我。
即使如此，
你也不需要和別人比較。
你就是那個唯一，
掌控你的眼、你的心和你的腦。
決定權就在你的手中。
無需爭奇，也不用鬥豔。

只要展現出真實的你就可以，
只要展現出自信的你就可以，
亮光會在不遠處等著你。
在那一天，
你將露出會心的微笑。

靜心的練習題

他因為打架滋事被移監，其實移監也不算什麼，在這裡生活多年，他早已體悟到監獄就是一個社會的縮影，形形色色什麼樣的人都有。大家都是魯蛇都是敗類，全部都是一丘之貉，他早就都看透了。外面的社會也不會比這裡好到哪裡，我虞爾詐，名利薰天，壞的人遠比好的人多，這世間人性的虛偽，一切不過是一場遊戲一場夢而已。

但是，移監之後，有一件事讓他掛心，因為他銅雕課和其他同學一起嘔心瀝血的作品還沒有打造完成。上課是有那麼一點意思，因為再單純不過了，不用緊張被盯，全心全力去完成你的作品就好。他覺得老師人不錯，課堂上會教大家靜心，要大家深呼吸，靜心沉澱，然後常常講人生哲理給大家聽，雖然不過短短幾句話，但卻讓他瞬間就燃起莫名希望。雖然一切也可能只是短暫的假相，但是就是那幾分鐘的希望就夠用了，對於他這樣沒有希望的人，真的夠了。

有一次，老師走過來，看著他的作品，嘖嘖稱奇，他說他教他的兒子教了那麼久，都沒真正學會學好，怎麼他就可以學得這麼快。聽到老師的話，他笑了笑回答說，不過是用力敲捶而已，這個會很難嗎？的確在他的人生當中，有很多事情都不難，學校的功課不難，和人相處不難、工作也不難，走上歧途也不難，生活變色走調早在意料之中，因為做什麼對他來說都很容易。

不過走進監獄卻算是一個意外，但是就算是意外也不能怪別人，一切都是自己造成的，一時的不能忍耐，造就了這一切，交織出錯綜複雜的命運。如果當初學會老師教得靜心深呼吸，或許他的人生就不一樣了。一時的衝動，毀掉了他的一世。老師說鐵錘捶下去的瞬間，不能冒失、不能急躁，要用眼和心，保持冷靜，平緩呼吸，他多麼希望自己能早點知道這個靜心的道理，這樣他就不會衝動的讓情緒失控而鑄成無法彌補的大錯。

沒有完成的銅雕作品，他好想看一眼，沒有了銅雕課，感覺某一天就會特別空虛，很想念大家擠在小小工廠角落的感覺，不用提心吊膽，專注於眼前的工作就好，專心地捶打就對，就當做是一種贖罪。或許這是一種宿命，每一次上課時，他的心情都特別平靜，即使捶打的聲音那麼震耳欲聾，卻一樣讓他覺得很定心。他迫切的想要完成和夥伴們一起想的作品，這樣的堅持讓他漸漸有了一點動力。該怎麼說，也算是一種期待吧，期待上課的那一天，期待作品快快地完成，上了銅雕課，讓他的心境歷經了很大的轉變，一種深不可測的吸引力吸引著他。

那個作品完成的樣子不知道和原先想得一不一樣，他常想著，不知道海盜離開了海會不會就不做海盜了。以後他離開監獄，人家會不把他當犯人看待嗎？他還能被社會認同接受嗎？這首監獄的悲歌，好想快點結束，他希望有新的節奏，新的曲調可以吟唱。

對於未來的描繪，他其實真的一點把握也沒有，自己都不太敢多想，但是他已經慢慢體會到，做什麼事先靜下心，能靜下心，錯誤失敗就會少一半，這是銅雕課吳老師教他的人生道理，雖然他還是一樣老是在錯誤中學習，但是，至少這是他在獄中曾經學習到的一件很有意義的事。

專注，然後全力以赴

吳宗霖在自己人生與創作的路上深深體會到，越簡單的東西越難做，他也是這樣告訴學生，「只要你們能用心去領受、順其自然，就可以真正的捶打雕塑出最好的作品。技藝經過慢慢的練習當然可以變純熟。」他希望他們可以了解到，要把創作做好的唯一方法，就只有腳踏實地、勤奮和不怕苦，這些都是基本功。

當吳宗霖看著學生時時刻刻都把精神放在作品的那種專注表情，他覺得他們好像是要啟動能轉變生命的力氣般拚了命。他在心中便想著：如果未來社會肯給他們一次重新改過的機會，他們會不會也像做這些銅雕作品一樣的全力以赴呢？

原本對初學學生的作品並沒有很大期待的他，幾堂課後，變得開始有一點小小的期待。從雛形、漸漸有了輪廓到作品的完成，當他看著這一件件學生的作品完美呈現出力與美，他下了這樣的註解：專注，然後全力以赴，這樣就一定能做好。

吳宗霖常常跟學生說：你的作品不需要跟別人比較，你的作品就是唯一。只要掌控好你的心和視野，找到感覺與方向，然後敲捶下去就對了。他常常跟學生說，要提得起、放得下，膽大心細，輕重疾徐都要自己去拿捏，也要懂得勇於創新。「你手中的錘子是要有想法的提起，有目標的放下，不敲就只能留在原地。掌控你的力道與方向，找到感受，找對方向，然後做就對了，其實並沒太多技巧，需要的是用心與專注。」雖然他帶來的鐵錘都不知道敲壞多少把，但是學生都已經學會拿捏力道與方向，所以即使再多捶壞幾把都沒有關係，這些都是學生努力付出換來的。

「自己的作品，掌握在自己的手裡。這就好像自己的人生自己要負責是一樣的道理。不要想和別人比較，盡力去做對的事就對了。」讓學生們了解到耐心、用心與毅力就是做出好作品的不二法門，也當然是希望他們未來的人生也可以因為上銅雕課後的這些體悟，打開思索人生方向的其他面向。學會努力專注與全力以赴，並因此得以綻放出新的光芒。當你的視野改變，世界也會隨之改變，當你想改變世界，就得先從改變自己開始。

像他就把學生的作品「葉」結合成一個嶄新的團體創作「相依」，不同的葉子相聚在一起，緊緊依偎，心與心緊靠在一起，這是一個團隊合作的概念，他希望大家都要記住，曾經一起努力過的那個過程，結果不是最重要，過程才最美好。

他很想送給所有受刑人學生下面這些話：人生是一場接力賽，要跑到最後才能分出輸贏，所以很多事不要太快下定論，有沒有完美的結果不是最重要，重要的是你曾經努力的過程，遇到困境也不要放棄，因為困境正是讓夢想展翅飛翔的搖籃。

少年與太極

人生就如同在修練太極，
再從缺口中突破自我，
尋找未來生命的出口。

少年與太極

年少輕狂的他，經歷世間紛擾，
陷入一個不停止的夢魘。
犯過的錯誤無盡沉重，
風在悲傷的呼號，親情在無聲的呼喚，
原罪揮之不去。
內心渴望黑暗之後黎明就會到來。
在一動一靜之間，
廣大虛無的世界一樣在繼續轉動。
人生就如同在修練太極，
在潛移默化中，

慢慢彌補人生的缺口，
再從缺口中突破自我，
尋找未來生命的出口。
少年也漸漸地懂了，
他看見了自己愛與能力的不足。
他開始學習對生命更積極的回應，
展現一幅有別以往的生命拼圖。

穿越黑夜的希望

有一次他跟著老大去談判，雙方劍拔弩張，他衝動撲上去傷了幾個人，然後幫派間就展開尋仇大火拚，他因為這樣進了監獄。其實在黑道混，生命是接近瘋狂的，無法用言語形容，有違秩序體制之外的事物，絕對不是普世價值或一般人能夠理解的。他一直以來都是天不怕地不怕，以暴制暴，以牙還牙，殺人就得償命，他的世界就靠拳頭槍管在掌控，在那樣的世界裡，那就是日常。

但是直到進了監獄，失去了自由，失去了自己的人生，他才覺得恐懼，不是怕監獄難熬，而是怕這將會是他無止境的宿命。看到監獄裡的人來來去去，出去了沒多久又進來了，他害怕自己也會墜入那樣的無底深淵。

走了一條江湖不歸路，上半生的荒謬最終以入監做結，賭上了自己的大好人生與青春。以前明明想過要出人頭地，讓父母驕傲，卻淪落到讓人唾棄的下場。對於像他們這樣在外混的人，你永遠不知道下一顆炸彈會在何時、從哪裡引爆，也許就是下一秒……，你的命運不是掌控在自己的手裡，很可悲。想到這裡，他就又好幾天都輾轉難眠。

上了幾期的銅雕課，吳老師曾說過，只要你的鐵鍾捶下去了，它的印記會一直在那裡，絕對不可能消失，所以當別人對你建立印象，也是很難改觀的，但是你可以順著黃銅的延展性，用其他的敲捶方式去改變它，慢慢地修正，一定可以捶出你最想要的樣子，做出最好的作品。先別管你一開始捶的樣子離目標有多遠，邊捶邊修正，用心捶，小心打，每一捶都必須小心謹慎，每一個動作都會有回應，每一個努力都會有收穫。

他在心裡想著，他的荒唐人生也可以像眼前的這些銅片一樣嗎？真的還有救嗎？以後的人生還有機會嗎？鍾子舉起又放下，捶下去就無法回手，以前蹉跎人生，以後要怎麼走，隨著捶聲，他在心中一遍遍與自己的內心對話，以前對人生欠債，對社會欠債，對家人欠債，這些債該如何償還，要怎樣才能勇敢站起來，是不是未來能如他想像中的一樣按掉「刪除鍵」，從頭開始？而每一個捶聲，都像是在回答他心中的疑惑。

銅雕創作似乎有一種奇妙的魔力，給了他美麗的期待，也給了想要創作的欲望，他蹲在工廠的小角落，把自己的夢想和渴望都一一投射在手上那些捶打的作品上，自己也好似融進那個作品當中。好幾個完成的作品，他最想要獻給自己，因為人世間的虛偽真實他都經歷過，驚濤駭浪也都碰觸過了，接下來，他只想要平淡地過日子，腳踏實地地過生活，不要再過刀來槍去的日子，不要再過被詛咒的人生，不要再做虧心事，不要再去傷害任何人，這些願望他希望可以一次實現，希望未來可以海闊天空。

他慢慢也明白了一件事，以前的他遇到問題總選擇逃避，但人生不能老是逃避，必須面對問題，就如同他一次次修正自己的作品，也是為了做得更好，而他的人生呢？是不是也應該如此？這一次，他希望可以改變命運，他希望一切不是夢想而已，不是遇風就會被吹熄的蠟燭。

吳老師說過：「你們努力有多大，收穫就會有多大。」他要謹記這句話。

對未來的期待是一種動力，對於未來，他有所期待。

這一次，他要為自己認真努力一次，這一次，他一定要抬頭挺胸走在人生的正途上。

承諾

承諾自己，
不管人生有多麼迂迴曲折，
都不要再犯同樣的錯。

承諾

承諾自己，
找出一個改變的動力，
找到一個新的人生目標。
承諾自己，
用踏實的腳步跨出以後的每一步，
好好展開新的人生。
承諾自己，
不管人生有多麼迂迴曲折，
都不要恐懼害怕，
都不要再犯同樣的錯。

承諾自己，
不管夢想有多遙遠，
不管目標有多難達成，
都要傾全力努力一搏，
奮力往上游，
無畏向前走。
未來的人生才有意義，
這個承諾，
要獻給自己與最親愛的家人。

承諾，就從此刻開始

他原本只想和這樣的世界靜靜保持距離，但是對這個他用心打捶出來的作品，卻像老天爺送給他的一個小小奇蹟般，散發出特別的璀璨光芒，有一種難以形容的美麗。他欣喜萬分，這樣的光芒讓他越發的期盼下一個銅雕作品快快到來，他再度讚嘆這個美麗得不可思議的作品，如果家人可以看到，他們應該也會感到高興吧。

在獄中他常想起過去，他們這些在裡面的人，每個人進來都有各自奇奇怪怪的理由，沒有什麼好大驚小怪的，他的家人以前都說他只看到眼前，從沒有想過未來，的確，他就是這樣大意的人，短視短利，才會落到這般下場。

在監獄這一段時間，他看清想透了人生的很多事，心情也慢慢恢復平靜，外界的干擾不再放在心上，走過人生起伏無常，他認為，人只要做得正，就不用害怕。以前他不懂，沒走到正途，然而這段期間在監獄中，他真的有好好思過反省，他這個浪子想要回頭。以前做了錯事，接受懲罰沒話好說，未來他不要再糟蹋自己與家人的人生。

過去的事他從不想多談，在犯案之前，他早就有許多不應該有的偏差行為，他的人生，很久很久以前就出了問題，只是自己一直逃避，沒有真實面對，最後才會鑄成大錯。他的世界是與常軌脫節的惡夢，他不停沉淪，煞不住車，好似永遠擺脫不掉。但是那些都不重要了，他失去了自由，也付出了代價，他在監獄度過了艱辛的時刻。

想到這裡，他悲從中來，如果可以，他好想時間停在自己犯錯以前的那個時間點上，那樣的話他絕對會好好做人，規規矩矩做事，當一個讓家人抬得起頭來的人，但是說這些都太遲了。

原本總覺得沉悶的監獄生活，卻在去年由於參與了銅雕課，帶給他很多樂趣。他本來就很喜歡藝術方面的創作，那些跟自己的興趣十分契合，加上銅雕課的吳老師是一個很有耐心的人，總是會不厭其煩地說明與示範，教法也很生動，最重要的是大家都喜歡聽老師講故事，那些故事對於受刑人來說，都很有啟發性。

創作的時候，他最常想起的是家人，所有的作品都有思念家人的靈感在裡面，老師也會適時地修正他們的方向，那些好像做人做事一樣，以前的他不喜歡聽教，不被拘束，總是往反方向胡亂衝撞，失去自由後，他才體會到有些規矩是不能被挑戰的，沒有了規矩就會亂了分寸，他恨不得犯過的錯從沒有發生過。

這些作品他最最想送給媽媽，很想大聲跟媽媽說：「我愛妳，請再等我一下下，也很對不起。」因為世界無論再怎麼變，只有親情與媽媽的愛是不會變的，他知道媽媽每天都在盼著他的歸期，媽媽的眼淚烙印在他的內心深處，她的眼神蘊藏著滿滿的關愛與不捨，每次想起來都還是很痛。如果現在可以有個願望讓他實現，他只想和媽媽深深地擁抱，然後告訴她，我知道錯了。

現在銅雕創作已經成為他監獄日常的寄託了，他曾經做了一個作品，主題是「承諾」，他想要給家人與自己一個承諾，以後要腳踏實地跨出每一步，好好展開新的人生；他要承諾自己未來不管人生有多麼迂迴曲折，都不要恐懼害怕，避免再犯同樣的錯；要承諾不管夢想有多遙遠，不管目標有多難達成，都要傾全力努力一搏。

人生就是要不斷的變化成長，在裡面，他最大的改變就是心境上的改變與提升，銅雕課的吳老師曾經說過，不要怕失敗，只要肯做就一定會成功，這句話他銘記在心中。

仰望滿天星斗，他的眼神穿越黑夜燃起希望，他對自己的「承諾」無論如何都一定要做到。

生活叢書265

銅言銅語love與希望

作者	財團法人臺灣更生保護會臺北分會
採訪撰文	高安妮
編輯顧問	顏大和・王添盛・邢泰釗・林炳耀
編輯委員	陳淑雲・邱秀玉・劉宗慧
編輯策畫	劉宗慧
責任編輯	曾敏英
發行人	蔡澤蘋
出版	健行文化出版事業有限公司 臺北市105八德路3段12巷57弄40號 電話／02-25776564　傳真／02-25789205
郵政劃撥	0112263-4
九歌文學網	www.chiuko.com.tw
排版	綠貝殼資訊有限公司
印刷	前進彩藝有限公司
法律顧問	龍躍天律師・蕭雄淋律師・董安丹律師
發行	九歌出版社有限公司 臺北市105八德路3段12巷57弄40號 電話／02-25776564　傳真／02-25789205
初版	2018年6月
定價	300元

書號　0203265

ISBN　978-986-96320-1-0

（缺頁、破損或裝訂錯誤，請寄回本公司更換）

版權所有・翻印必究　Printed in Taiwan

國家圖書館出版品預行編目資料

銅言銅語：愛與希望／財團法人臺灣更生保護會臺北分會著；
高安妮採訪撰文. -- 初版. -- 臺北市：健行文化出版：九歌發行，
2018.06

128面；12×19公分-- （生活叢書 ； 265）

ISBN 978-986-96320-1-0（平裝）

1. 受刑人 2. 訪談 3. 通俗作品

548.714 107005573